INSTRUCTION
DONNÉE
PAR S. A. S. MONSEIGNEUR
LE DUC
D'ORLÉANS,
A SES REPRÉSENTANS AUX BAILLIAGES.

Suivie de Délibérations à prendre dans les Assemblées.

1789.

INSTRUCTION

Pour les Personnes chargées de ma Procuration aux Assemblées de Bailliage relatives aux Etats-Généraux.

Mon intention est que mes Procureurs-fondés portent par-tout le même esprit dans les différens Bailliages où ils me représenteront; qu'ils y prennent mes intérêts, & y soutiennent mon opinion, ainsi que je le ferois, si j'y étois moi-même. En conséquence, j'entends qu'en acceptant ma *Procuration*, ils se regardent comme engagés d'honneur:

Premièrement, à déclarer aux Bailliages que le Gouvernement ne peut les gêner en rien dans ce qui concerne le choix des Députés aux Etats-Généraux; que les Bailliages ont dans tous les Actes émanés des Trois Ordres, & relatifs à la convocation des Etats Généraux, une autorité locale, semblable à celle qu'ont les Etats-Généraux eux-mêmes pour la totalité du Royaume, & que lefdits Bailliages doivent fe conduire plutôt d'après ce que le bien général pourra leur prefcrire, que d'après le réglement qui leur a été envoyé, le Roi de France n'ayant jamais été dans l'ufage de joindre aucun réglement à leur Lettre de Convocation.

2°. A donner leur voix aux Perfonnes que je leur défignerai pour l'élection des Députés aux Etats-Généraux.

3°. A faire tous leurs efforts pour faire inférer dans les cahiers des Bailliages les articles ci-après.

Article premier.

La liberté individuelle fera garantie à tous les François. Cette liberté comprend, 1°. la liberté de vivre où l'on veut; celle d'aller, de venir, de demeurer où il plaît, fans aucun empêchement, foit dans, foit hors le Royaume, & fans qu'il foit befoin de Permiffion, Paffe-port, Certificat, ou autres formalités tendantes à gêner la liberté des Citoyens.

2°. Que nul ne puiffe être arrêté ou

constitué prisonnier qu'en vertu d'un décret décerné par les Juges ordinaires.

3°. Que dans le cas où les Etats-Généraux jugeroient que l'emprisonnement provisoire peut être quelquefois nécessaire, il soit ordonné que toute personne ainsi arrêtée soit remise dans les vingt-quatre heures entre les mains de ses Juges naturels, & que ceux-ci soient tenus de statuer sur ledit emprisonnement dans le plus court délai ; que, de plus, l'élargissement provisoire soit toujours accordé, en fournissant caution, excepté dans le cas où le détenu seroit prévenu d'un délit qui entraîneroit une peine corporelle.

4°. Il sera défendu à toute autre personne que celle prêtant main-forte à Justice, soit Officier, Soldat, Exempt ou autre, d'attenter à la liberté d'aucun Citoyen, en vertu de quelque ordre que ce puisse être, sous peine de mort, ou au moins de punition corporelle, le tout ainsi qu'il sera décidé aux Etats-Généraux.

5°. Que toute Personne qui aura sollicité ou signé tout ordre semblable, ou favorisé son exécution, pourra être prise à partie pardevant les Juges ordinaires, non-seulement pour y être condamnée en des dommages & intérêts, mais encore pour être punie corporellement, & ainsi qu'il sera décidé.

Art. II.

La liberté de publier ses opinions, faisant partie de la liberté individuelle, puisque l'homme ne peut être libre quand sa pensée est esclave; la liberté de la Presse sera accordée indéfiniment, sauf les réserves qui pourront être faites par les Etats Généraux.

Art. III.

Le respect le plus absolu pour toute Lettre confiée à la poste, sera pareillement ordonné; on prendra les moyens les plus sûrs d'empêcher qu'il n'y soit porté atteinte.

Art. IV.

Tout droit de propriété sera inviolable, & nul ne pourra en être privé, même à raison de l'intérêt public, qu'il n'en soit dédommagé au plus haut prix & sans délai.

Art. V.

Nul impôt ne sera légal & ne pourra être perçu qu'autant qu'il aura été consenti par la Nation dans l'Assemblée des Etats-Généraux, & lesdits Etats ne pourront les consentir que pour un temps limité, & jusqu'à la prochaine tenue des Etats-Généraux, ensorte que cette prochaine tenue venant à ne pas avoir lieu, tout impôt cesseroit.

Art. VI.

Le retour périodique des Etats-Généraux sera fixé à un terme court, & dans le cas d'un changement de Regne ou celui d'une Régence, ils seront assemblés extraordinairement dans un délai de six semaines ou deux mois; on ne négligera aucun moyen propre à assurer l'exécution de ce qui sera réglé à cet égard.

Art. VII.

Les Ministres seront comptables aux Etats-Généraux de l'emploi des fonds qui leur seront confiés, & responsables auxdits Etats de leur conduite en tout ce qui sera relatif aux Loix du Royaume.

Art. VIII.

La dette de l'Etat sera consolidée.

Art. IX.

L'impôt ne sera consenti qu'après avoir reconnu l'étendue de la dette Nationale & après avoir vérifié & réglé les Dépenses de l'Etat.

Art. X.

L'impôt consenti sera généralement & également réparti.

Art. XI.

On s'occupera de la réforme de la Législation civile & criminelle.

Art. XII.

On demandera l'établissement du Divorce, comme le seul moyen d'éviter le malheur & le scandale des unions mal assorties & des séparations.

Art. XIII.

On cherchera les meilleurs moyens d'assurer l'exécution des Loix du Royaume, ensorte qu'aucune ne puisse être enfreinte sans que quelqu'un n'en soit responsable.

Art. XIV.

On invitera les Députés aux Etats-Généreux à ne prendre aucune Délibération sur les affaires du Royaume, qu'après que la liberté individuelle aura été établie, & à ne consentir à l'impôt qu'après que les Loix constitutives de l'Etat auront été fixées.

Art. XV.

Je veux que tous mes Fondés de procuration ne portent aucun obstacle relativement à mes droits, à toutes les demandes du Tiers-Etat, qui leur paroîtront justes & raisonnables, & cela, soit que les Cahiers soient rédigés par chaque Ordre séparement, soit que cette rédaction se fasse par les Trois Ordres réunis.

Art. XVI.

Je veux que tous mes Fondés de procuration qui se trouveront dans les Bailliages où l'on réclamera contre les droits & réglemens des Capitaineries, déclarent en mon nom, que je consens qu'ils soient abolis, & que je me joins nommément aux Bailliages pour en demander la suppression; sous la réserve, & sans porter atteinte à la conservation des droits de Chasse.

Art. XVII.

Je veux pareillement que sur tous les Articles qui n'auront pas été prévus ou suffisamment développés dans la présente instruction, mes Procureurs fondés se règlent d'après les principes exposés dans l'Ouvrage, ci-annexé, sous le titre de *Délibérations à prendre dans les Assemblées de Bailliages*; principes que j'adopte en général, & que je désire que mesdits Procureurs fondés, propagent autant qu'il sera en leur pouvoir.

C'est dans cet esprit que je donne ma Procuration; je desire qu'aucun de mes Procureurs fondés ne s'en écarte, & c'est en employant tous leurs moyens pour faire adopter les principes ci-dessus, qu'ils répondront entiérement à la confiance que mise en eux.

DÉLIBÉRATIONS

DÉLIBÉRATIONS
A PRENDRE
POUR LES ASSEMBLÉES
DE BAILLIAGES.

Un homme qui part pour son Assemblée de Bailliage, cherche à se rendre raison de ce qu'on aura à y faire; & se demande : Comment nous y prendrons-nous ? Aussi-tôt se présente à son esprit cette foule de termes anciens & nouveaux, sous lesquels est comme étouffée l'idée nette qu'on voudroit se former d'un Bailliage assemblé pour députer aux Etats-Généraux; il songe aux *doléances*, aux *griefs*, aux *charges*, aux *instructions*, aux *cahiers*, aux *pouvoirs*, &c. &c. Il ne sait par où l'on commencera, & sur quels principes il faudra distinguer ou confondre tant d'opérations importantes, sans doute, puisqu'elles doivent préparer les Etats-Généraux.

Laissons tous ces termes, non encore définis, & qui n'ont pas besoin de l'être. Une Assemblée délibérante, quel que soit son objet, quelle que soit sa mission, n'a que des Délibérations à prendre : bornons-nous donc au *Procès-Verbal des Délibérations* ; c'est l'unique pièce ; elle doit tout contenir, puisqu'on ne peut pas supposer qu'une Assemblée publique ait, en outre, des instructions secrètes à donner à ses Nonces.

Je distingue les Délibérations en trois grandes classes:

1°. Les Députés réunis se demanderont d'abord ce qu'ils sont, & comment ils sont avant de délibérer. Il est bon, en effet, qu'ils sachent s'ils sont bien constitués pour former un Corps délibérant.

2°. Après s'être expliqué, d'où ils viennent, & ce qu'ils sont, il est naturel qu'ils s'occupent de leur objet; ils prendront en considération les besoins *de l'Etat*, ceux de leur *District*, enfin ceux de leur *Ordre*.

3°. Il ne leur reste plus qu'à élire leurs Députés, après s'être expliqué ce qu'ils entendent par leurs Repréſentans & par les Pouvoirs qu'ils leur donnent à ce titre.

On voit qu'après ces trois claſſes de Délibérations, il n'y a plus rien à faire. Entrons dans les développemens.

PREMIERE CLASSE.

Délibération de l'Assemblée sur elle-même.

Il est vraisemblable que les Trois Ordres ne délibéreront point en commun, du moins dans la presque totalité des Bailliages. Par une inconséquence digne des lumières, qui, de tout tems, ont éclairé le Ministère, il a marqué d'une part le desir de réunir les Trois Ordres pour faire délibérer par tête, & de l'autre il réduit les Electeurs du Tiers-Etat à deux cens au plus, tandis que la Noblesse & le Clergé pourront fournir un nombre indéfini d'Electeurs : il est clair que le troisième Ordre, le supposât-on disposé d'ailleurs à s'unir, ne voudra point voter en commun avec un nombre d'Opinans des deux Premiers Ordres qui surpasseroit le sien. Ainsi chaque Ordre fera ses affaires à part.

Je ne m'occupe ici que de la Chambre du Tiers.

Une Constitution à donner à vingt-cinq millions deux cens mille Individus, doit être l'ouvrage des Représentans de vingt-cinq millions d'entre eux. C'est au Tiers à rendre la liberté à la Nation, de concert avec les deux autres Ordres, s'ils se montrent dignes d'un si grand bienfait, ou malgré la Noblesse & le Clergé, s'il ne se trouve dans ces deux Classes que deux intentions dépravées par l'intérêt de Corps.

Les Délibérations véritablement importantes seront celles de l'Ordre du Tiers; s'il reste séparé, lui seul n'a que l'intérêt général en vue; lui seul peut se regarder comme dépositaire des Pouvoirs de la Nation; le Tiers-Etat sent qu'il va être chargé des destinées nationales. Ce sentiment le guidera d'avance même dans les simples Délibérations de Bailliage.

Au surplus, le Clergé & la Noblesse peuvent s'approprier la plus grande partie des vues que nous allons indiquer.

Première Délibération.

Sur le choix du Président.

Arrêté : que suivant les loix incontestables d'une bonne représentation, le Président d'un Corps représentatif doit être élu librement par l'Assemblée & choisi parmi ses membres ; que cette Election devroit, en bonne régle, se faire au scrutin ; mais que n'y ayant rien encore de positif dans les formes constitutives de l'Assemblée, elle veut bien, pour cette fois seulement, nommer son Président à haute voix ; qu'elle choisit pour remplir cette fonction, M.*** (bien entendu le Grand Bailli ou celui qui préside en vertu du réglement) déclarant en même-temps que M.*** doit le choix, non à sa place, mais à la seule confiance que sa personne inspire à l'Assemblée.

Deuxième Délibération.

Sur le choix du Secrétaire & autres Officiers.

ARRÊTÉ : que le Secrétaire de l'Assemblée devant être élu librement, ainsi que tous les autres Officiers intérieurs, l'Assemblée choisit, par les mêmes raisons que ci-dessus, pour écrire & rédiger le Procès-Verbal M. *** (le Greffier du Bailliage nommé par le Roi); en outre, l'Assemblée nomme deux de ses Membres, M. ***; & M. *** pour veiller à la rédaction du Procès-Verbal ; déclarant au surplus, & de nouveau, que nul vote, relatif aux personnes, ne se donnera à l'avenir qu'au scrutin.

ARRÊTÉ : qu'il étoit de la plus extrême nécessité aux Peuples de se nommer des Représentans pour se former en Etats-Généraux.

Troisième Délibération.

Concernant les Lettres de Convocation & les Réglemens.

Arrêté : que les réglemens qui accompagnent les Lettres de Convocation, devant être considérés comme des instructions, des avis, des conseils que Sa Majesté a bien voulu donner aux Bailliages pour leur faciliter les moyens de former leur premiere Assemblée, il seroit fait au Roi de très-humbles remerciemens de ses instructions bienveillantes & paternelles.

1°. Je crois très-important que les Assemblées de Bailliages ne suivent pas strictement les prétendus Réglemens qu'on leur a envoyés; ils doivent, décidément ne les considérer que comme de simples instructions, parce que le Pouvoir exécutif ne peut jamais avoir le droit d'influer sur les formes constitutives des Assemblées représentantes; mais il faut être prudent dans l'inobservance que je conseille ; il ne faut se la permettre que pour les articles sur lesquels il y aura unanimité ; d'ailleurs le Roi a laissé aux Baillis un Pouvoir provisoire pour lever les difficultés ; sans-doute, ces Baillis sentiront très-bien que ce Pouvoir doit être exercé par l'Assemblée elle-même.

Quatrième Délibération.

Sur les Vices de la Députation.

Arrêté : que notre Députation n'est pas dans les principes constitutionnels d'une bonne représentation. 1°. Parce que les Assemblées commettantes dont nous sommes les Députés, se sont formées, & ont délibéré d'après des regles impérieuses, au lieu de se les donner elles-mêmes.

2°. Parce qu'entre les premiers Commettans & les divers Députés qui forment cette Assemblée, il existe des degrés *intermédiaires* inégaux : Par exemple, l'Artisan de Ville a donné sa voix dans sa corporation ;

de-là ſes Députés ont paſſé à l'Aſſemblée de Ville, ce qui fait déjà un degré; enſuite les Députés de l'Aſſemblée de Ville ſe ſont réunis avec ceux des Villages, &c. pour former l'Aſſemblée du Bailliage; voilà donc un ſecond degré intermédiaire pour l'Artiſan de Ville, & le premier ſeulement pour l'Habitant de la Campagne; enfin, ſi le Bailliage eſt deſtiné à s'accoler à un autre Bailliage, on ſe ſoumet à un nouveau degré, puiſque le quart des Députés qui formoient ſon Aſſemblée, ſont appellés à aller voter à l'Aſſemblée générale des Bailliages accolés ce qui fait trois degrés intermédiaires.

Nous remarquons, ſur-tout, que tandis que nos premiers Commettans n'influent ici qu'à travers trois degrés (ou deux, ſi c'eſt dans un Bailliage non accolé) le Noble & la plupart des Eccléſiaſtiques ſont appellés à influer immédiatement dans leur Aſſemblée correſpondante à la nôtre; d'où il réſulte une injuſte inégalité entre des Citoyens dont les droits politiques, comme les droits civils, doivent être parfaitement égaux.

Au reste, ce n'est pas que nous ne reconnoissions la nécessité des degrés intermédiaires dans une Nation nombreuse; nous réclamons seulement contre un ordre de chose, où le Membre du Tiers-Etat est plus loin de la formation de la loi que les Membres du Clergé & de la Noblesse, & nous sollicitons des Etats-Généraux le redressement de cette illégalité politique.

3°. De tous les vices qui affectent notre Députation, le plus choquant, peut-être, est la réduction qui a été faite de plusieurs voix à une seule, comme si les droits *politiques* d'un Citoyen pouvoient n'être qu'une fraction des droits politiques d'un autre Citoyen : au vice de la réduction, on a joint l'injustice de réduire inégalement; il se trouve que l'Artisan utile n'a valu que la moitié de l'Habitant sans état, que la moitié de son Compagnon de travail ou de son Garçon, parce que ces derniers ont siégé dans l'Assemblée de Ville, où la réduction a été de cent à deux, au lieu que dans l'Assemblée de corporation, elle a été de cent à un.

Enfin (dans les Bailliages accolés) il y a eu réduction sur réduction, de manière que les Députés d'un grand nombre de Commettans n'ont pu parvenir à la présente Assemblée qu'après avoir souffert trois réductions ; que d'autres en ont éprouvé une, tandis que les Nobles & Ecclésiastiques ont personnellement entrée dans leur Chambre & peuvent exercer individuellement autant de droits politiques que plusieurs centaines de Membres du Troisieme Ordre.

4°. Les droits politiques n'appartiennent à aucune sorte de corporation ; ils sont attachés à la qualité de Citoyen ; il est donc contraire aux loix de la représentation d'avoir assemblé les premières Communautés des Villes par corporation, sans compter qu'avec un tel usage, il arriveroit souvent qu'une corporation de deux ou trois Personnes auroit la même députation qu'une autre corporation de cent Personnes. Les Habitans des Villes un peu peuplées auroient dû se réunir par quartiers, sans distinctions de professions, de rang, d'ordre, &c. La division *locale* est la seule qui puisse avoir lieu pour tout ce qui tient à la représentation; par la raison que la nécessité de se faire représenter ne vient pas de la diversité des professions, mais des distances, & du trop grand nombre de Citoyens. Nous ajoutons que les Députés des quartiers d'une Ville ne doivent point se réunir à l'Assemblée de Ville, pour n'envoyer aux Bailliages que médiatement; ils doivent être traités comme les Villages qui députent directement.

5.° Ce n'est pas à la *propriété*, mais à la *personne* qu'appartiennent les droits politiques ; ainsi, puisque le Propriétaire qui a des biens dans plusieurs Bailliages, n'est pourtant qu'un individu, il ne doit pas ajouter à son droit d'influer dans un Bailliage, celui de se faire représenter par procureur dans un autre : tout Citoyen riche ou pauvre épuise ses droits politiques là où il est : il est étonnant qu'on cherche encore aujourd'hui à ajouter de nouveaux Privilèges, aux privilèges anciens politiques ou civils! C'est une injustice manifeste.

6.° Le système des *procurations* particulières est, de plus, faux & dangereux. La notion du Représentant en politique, suppose, non pas un Représenté absent, mais *une masse* de Citoyens commettans que leur nombre ou leur éloignement empêche de paroître au lieu de l'Assemblée. Sans ces deux raisons, il n'y auroit pas de Représentations; les Citoyens paroîtroient pour eux-mêmes; quand on a droit de se présenter soi-même, tout le monde doit avoir le même droit: de là il suit que celui qui se présente, doit se présenter pour soi, & non pour un autre; d'ailleurs ce système introduiroit le danger de l'inégalité d'influence dans la même assemblée, inégalité absolument opposée aux loix d'un Corps délibérant.

Par toutes ces considérations, & beaucoup d'autres, qu'il seroit trop long de détailler, l'Assemblée ne peut s'empêcher de trouver sa formation extrêmement vicieuse; mais elle fait attention que les Etats-Généraux pressent, que les besoins de la Nation ne souffrent point de délai; & que, n'ayant par conséquent pas le temps de consulter ses Commettans sur tout ce qui lui manque, elle se croit obligée, à raison des circonstance, de passer outre, se contentant de faire porter aux prochains Etats-Généraux ses précédens arrêtés, dans l'espérance que la Constitution qui sera donnée à la France, embrassera toutes les Assemblées élémentaires, à commencer par celles des Paroisses.

Cinquième Délibération.

Sur la non-réunion des Ordres.

Arrêté : qu'il est, sans doute, dans les bons principes de faire élire la Députation universelle par la généralité des Electeurs, sans distinction d'Ordres ; puisque, si la mission de chaque Représentant ne vient pas de tous, on ne peut pas dire que chaque Député soit représentant de tous, sans distinction d'Ordres. Mais le Tiers ne peut consentir à une réunion qui ne seroit qu'apparente, tant que l'on ne commencera point par abolir les injustes inégalités qui séparent les Privilègiés des non-Privilègiés. La confusion ou l'alliance des Ordres, désirable par tous les amis de la Nation, ne l'est cependant, & ne peut être effectuée que sur les principes suivans :

1°. Qu'auparavant, tous les *privilèges* qui divisent les Ordres, seront révoqués ; il est absurde que la loi, ouvrage de la volonté commune, instrument créé & établi pour la protection commune, se change en instrument de faveur, distribuant aux uns des préférences aux dépens des autres. Le véritable Législateur n'oubliera pas, sans doute, que, loin de faire naître des inégalités factices, parmi les Citoyens, il est chargé au contraire d'empêcher les trop mauvais effets des inégalités naturelles ; que, loin d'affoiblir la foiblesse, & de fortifier la force, il doit garantir à la foiblesse qu'elle ne sera point dominée par la force, & assurer à chaque Citoyen la liberté de disposer à son gré de sa personne & de sa propriété.

2°. Comme les *Priviléges* ne sont pas moins injustes & moins odieux dans les droits *politiques* que dans les droits *civils*, le Tiers ne peut point voter en commun,

avec

avec des Citoyens dont l'influence sur la formation de la loi, continueroit à être plus rapprochée & infiniment plus considérable que la sienne; il ne lui appartient point de reconnoître & de consacrer, par une démarche imprudente, la monstreuse disproportion qui s'est glissée, à cet égard, dans des temps malheureux, entre l'Homme Noble, & celui de l'Ordre Commun. Ce n'est pas au Tiers à professer que la minorité puisse jamais être substituée aux droits de la pluralité, & que la loi commune doive être formée contre l'intérêt commun en faveur de l'intérêt de Corps. Ce n'est qu'improprement que le Tiers est appellé un Ordre; il est la Nation, il n'a point d'intérêt de Corps à défendre; son unique objet est l'intérêt National. Le Tiers-Etat, ou plutôt la Nation ne demande pas mieux que de faire de l'ensemble des Citoyens un seul Corps social; (1)

---

(1) Je me doute qu'on pourra engager la Noblesse & le Clergé à se réunir, afin de préparer les pour Etats Généraux, la formation de tous les Privilégiés en

mais il faut auparavant que la loi, devenue plus éclairée & plus juste, laisse à tous les

un seul Ordre. Cette vue est totalement dans les principes du Ministère, & elle est contraire à la bonne politique. D'abord, on sait que l'état social ne sera jamais bien constitué, tant qu'on tiendra à la division des Ordres. Or, ne semble-t-il pas qu'en laissant les trois Ordres séparés, on sera plus près de sentir la nécessité de n'en faire qu'un, que s'ils étoient réduits à deux ? *Trois Ordres* embarrassnt ; la question de leur suppression est *incertaine* ; si vous n'en aviez que deux, cette question deviendroit inabordable ; il vaudroit mieux qu'il y en eût dix à douze. En second lieu, ne voit-on pas que le parti Ministériel s'établira sans difficulté troisième, parti de la législature, s'il y a deux Chambres de Représentans, ne fut-ce que pour remplir le nombre 3, & pour imiter ici ce qu'on fait ailleurs ; au lieu que si les Trois Ordres restent séparés jusqu'au moment heureux où ils seront remplacés tout de suite par trois sections de la même Députation nationale, on peut espérer, dans cette supposition, d'écarter tout-à-fait le pouvoir exécutif de la législature ; car il n'y aura jamais une véritable liberté politique, tant que ces deux Pouvoirs ne seront pas séparés rigoureusement.

Membres de la Société les mêmes droits civils & politiques.

Sixième Délibération.

Sur les Priviléges particuliers à quelques Membres du Tiers.

Arrêté : qu'on ne permettra d'élire, quoique dans l'Ordre du Tiers, aucun Privilégié, s'il ne renonce à l'instant à toute espéce de Privilége qui le distingueroit de l'Ordre commun, jusqu'au moment où les Etats-Généraux lui restitueront ces Priviléges comme des droits communs à la généralité des Citoyens. L'Assemblée ne pense pas que la Chambre du Tiers aux Etats-Généraux ait besoin du concours du Clergé & de la Noblesse, pour statuer ce grand acte de justice qui ne regarde que son Ordre : car sans doute on ne niera point que tous les Membres du Tiers ne puissent avoir les mêmes droits civils & politiques. L'Assemblée regarde le statut qu'elle réclame ici comme un des moyens les plus prompts & & les plus efficaces pour rapprocher les Ordres & les unir d'un même intérêt. Que si par des motifs impossibles à prévoir, on ne faisoit point droit à cette demande dans la premiere tenue des Etats, la renonciation ci-dessus subsistera, jusqu'au moment retardé, mais inévitable de la Justice.

Nota. Pour engager à cette renonciation de la part des Candidats à la députation du Bailliage, on observera dans les avis, que toute exemption pécuniaire devant cesser aux prochains Etats-Généraux, la cession anticipée & volontaire qu'on exige ici de la part des Députés, n'est, au fond, qu'un acte honorable, sans être onéreux.

SECONDE CLASSE.

Délibérations concernant les Besoins publics.

POUR mettre l'ordre dans le Procès-Verbal, & une sorte de rang proportionné à l'importance des objets qui doivent être discutés dans l'Assemblée, on divisera la matiere en plusieurs parties. La Noblesse & le Clergé peuvent la diviser en trois.

Besoins de l'Etat;
Besoins du Bailliage;
Besoins de l'Ordre.

Le Tiers peut ne traiter que les deux premieres parties, & il n'appartient qu'à lui de confondre les besoins de son Ordre avec ceux de l'Etat ou de la Nation.

PREMIÈRE PARTIE.

Besoins communs.

OBSERVATION. Ce seroit une folie d'espérer que les Etats-Généraux pussent, à leur premiere tenue, s'occuper éfficacement de tous les besoins publics & de l'universalités des demandes particulieres qui y seront portées par les Députés.

Mille raisons assez généralement senties nous prouvent aujourd'hui que l'Assemblée Nationale doit, à sa premiere session, se réduire à ne faire que le moins possible, c'est-dire, il faut qu'elle ait la sagesse de se borner aux soins véritablement pressans, à ceux qu'il n'est pas possible de différer.

A cette vue de bonne politique, joignons-en d'autres. Le Tiers-Etat qui dans ce moment attire & doit attirer toute l'attention, parceque c'est lui qui représente la France, que c'est lui qui a le plus de demandes à former, & qu'il est le plus intéressé à la restauration nationale, le Tiers-Etat à deux grands objets à remplir.

1°. Il desire en commun avec les deux autres Ordres, de limiter toutes les parties du Pouvoir exclusif; car aucun pouvoir ne peut être arbitraire : tous doivent connoître des limites, ou ce sont des monstres en politique.

2°. Après avoir garanti la Nation contre les abus du pouvoir Ministériel, le Tiers doit avoir pour objet de la défendre contre les Privileges. Au fond, le despotisme des Ministres est moins fâcheux pour le Peuple que le despotisme des Aristocrates. Si donc j'intervertis l'ordre de ces deux questions, ce n'est que parceque le Tiers, à mon avis, risquerait de plonger la France dans une situation affreuse, du moins pour quelque temps, s'il ne suivoit la marche que nous traçons ici.

Il songera donc d'abord aux besoins publics, d'un intérêt commun aux Trois Ordres; tous ensemble commenceront par attaquer ce qu'ils peuvent appeller l'ennemi commun ; c'est-à-dire l'illimitation du Pouvoir exécutif; ils assureront la liberté individuelle ; ils se saisiront de toutes les parties de l'Administration des finances; ils créeront une Constitution, ils attacheront inséparablement la force pécuniaire, &c. Tels sont les objets que j'appelle d'un besoin pressant; il est clair qu'excepté pour les développemens de la Constitution, il n'y a rien dans cette suite d'opérations qui ne doive être recherché & prouvé avec la même ardeur par les Trois Ordres à la fois, & qu'ainsi nous pouvons espérer de retirer quelque fruit de la premiere tenue des États-Généraux.

Mais en se bornant à statuer ce qu'il y a de plus essentiel & de plus urgent, l'Assemblée Nationale ne se refusera point à accueillir toutes les plaintes, toutes les demandes, &c. Elle déclarera qu'elle se propose, dans les Sessions suivantes, de les prendre toutes en considération, mais, ajoutera-t-elle, sur une multitude d'objets aussi importants que difficiles, & pour lesquels, indépendamment du temps, il faut se procurer des instructions & des renseignemens justes : il paroît juste & convenable de consulter les Peuples dans les trois degrés de représentation, c'est-à-dire, dans les Assemblées Paroissiales ou Primitives, dans celles de Districts ou Secondaires, & dans celles de Provinces ou Tertiaires ; car le complément d'une restauration universelle doit être accompagné & éclairé par le vœu & les lumieres de la généralité des Citoyens.

On sent assez les nombreux avantages de cette conduite, de la part des Etats-Généraux, pour nous dispenser de développemens intérieurs, &c.

Les vœux des Assemblées de Bailliage, relativement aux besoins communs, embrassent, 1°. La posture dans laquelle l'Assemblée Nationale doit se mettre vis-à-vis du Pouvoir Ministériel; il faut qu'elle puisse délibérer librement & sans crainte.

2°. Elle s'occuppera alors des besoins nationaux les plus pressans, dans le sens que nous venons d'expliquer.

3°. Elle composera des autres demandes de quelqu'intérêt, une liste, pour l'envoyer aux Assemblées représentatives inférieures, à qui elle demandera les renseignemens locaux & toutes les instructions possibles.

PREMIÈRE DIVISION.

Sur la liberté & les formes de l'Assemblée Nationale.

Il est inutile d'observer que le terme d'arrêté, n'a de valeur ici que comme demande ou inſtruction.

PREMIERES DÉLIBÉRATIONS : ſur l'élection du Préſident & pour inviter les Etats-Généraux à s'aſſurer toute liberté dans l'exercice du Pouvoir Légiſlatif.

Arrêté : que le Pouvoir Légiſlatif réſidant eſſentiellement dans la volonté Nationale, il doit être exercé par le Corps des Repréſentans de la Nation.

Arrêté : que les Etats-Généraux doivent élire librement leurs Préſidens ſans diſtinction des Provinces, & que pour mettre la plus parfaite égalité entr'elles, les Préſidens ſeront hebdomadaires, & pris alternativement dans chaque Province, & ſi le Tiers ſe réunit dans la même ſale, avec les autres Ordres, que le Préſident ſera pris indiſtinctement dans les trois Ordres.

Arrêté : que les places ſeront occupées par les Députés, ſans diſtinction d'Ordres de Provinces ou de Députation, que ſi les Etats-Généraux veulent obſerver des diviſions d'Ordres, de Provinces, ou de Députations, il faut au moins chercher à éviter tout ce qui pourra laisser présumer quelque prééminence de l'un sur l'autre, parce que dans une Assemblée de Représentans, il ne peut y voir ni supériorité, ni infériorité, sous aucun rapport possible.

A cet égard il est facile de disposer l'Assemblée en rond ou en ovale, afin qu'il n'y ait point de haut bout, & qu'aucune Province ou aucun Ordre ne puisse être regardée comme étant à la suite d'un autre. Quant au rang des opinions, on n'auroit qu'à placer le fauteuil du Président hebdomadaire à la droite ou à la gauche de sa division provinciale, & les avis se recueilleront de la droite à la gauche; par-là, chaque Province, à son tour, aura le premier rang d'opinion, les jalousies seront prévenues, & ce sera un obstacle de moins à l'utilité des Etats-Généraux.

Dans le cas où les Chambres resteroient séparées, le Tiers observera chez lui ces différentes regles, pour jouir de la plus parfaite égalité.

Arrêté que pour s'assurer toute liberté

à leur premiere tenue, les Etats-Généraux ne peuvent mieux faire que de supprimer tous les Impôts, comme étant illégaux, & de les recréer tout de suite provisoirement, & seulement jusqu'à la fin de l'Assemblée, attendu qu'elle veut statuer de nouveau sur ce grand objet avant sa premiere séparation. De cette sorte, elle se garantira du danger d'une dissolution involontaire; elle pourra se livrer sans crainte à tout ce qui lui paroîtroit exiger les affaires nationales, & ce n'est que quand elle le jugera à propos qu'elle clorra sa premiere Cession par le reste des Impôts, lequel ne doit jamais être que la derniere opération.

DEUXIEME DÉLIBÉRATION; pour faire cesser les inquiétudes, consolider le crédit & se rallier la confiance & l'opinion publique.

Arrêté : que la Dette sera consolidée dans l'état où elle se trouve aujourd'hui ; qu'à la venir tout Emprunt public qui ne seroit pas fait ou autorisé par la Nation, sera nul, sous quelque nom ou forme qu'il put se déguiser, & qu'il sera pourvu dans la premiere Cession, non-seulement au paiement des intérêts annuels, mais encore à un fonds de remboursemens graduels.

Troisieme Délibération; sur la permanence, la police & la forme de l'Assemblée Nationale, &c.

Arrêté : qu'il seroit important pour la confiance publique & pour le succès des grandes opérations des Etats-Généraux, qu'ils statuassent dès le principe leur permanence; mais au moins cette permanence, si nécessaire à un Pouvoir législatif bien constitué, doit être établie avec la Constitution : elles ne peuvent aller l'une sans l'autre.

Arrêté : que les Députés Nationaux ne seront point responsables au Pouvoir exécutif d'aucunes paroles, écrits ou démarches relatifs aux affaires publiques, mais qu'il sera pourvu dans l'Assemblée même à une police personnelle, soit pour le bon ordre intérieur, soit pour livrer à la justice ordinaire, après l'avoir exclu, tout Membre qui auroit mérité d'y être traduit.

Arrêté: que les Commissions que les Etats-Généraux nommeront dans leur sein, le seront par l'Assemblée elle-même, & non par le Présiden , & que les Commissaires pourront être proposés par tous les Membres.

Arrêté: que le Président ne doit pas avoir la voix prépondérante, mais que le droit de *partager* les voix sera accordé par l'Assemblée à un ou plusieurs Députés élus pour cela au scrutin tous les quinze jours.

Arrêté: qu'aucune motion ou proposition ne sera délibérée sur-le-champ, si un seul Membre requiert son renvoi à un autre jour qui sera fixé par l'Assemblée.

Arrêté: que les Commissions nommées pour préparer les matieres, ne peuvent jamais prendre sur elles, de rien *décider*; la confiance des Peuples ayant été accordée, non à quelques Députés, mais au Corps des Représentans.

Arrêté: que le pouvoir législatif confié au Corps des Représentans, ne peut être subdélégué, & qu'il ne doit être donné à aucune Députation, même composée des Membres des Trois Ordres, le pouvoir de ne rien statuer au nom de l'Assemblée générale.

Deuxième Division.

Besoins nationaux les plus pressans.

C'est ici la partie la plus importante du Procès-Verbal.

1.º *La Déclaration des Droits*: ce n'est pas qu'une Charte de plus, fût-elle jurée & signée, suffise pour garantir aux Citoyens la liberté dans leurs choses, dans leur personne; mais cette piece sera très-utile, en présentant à tous la connoissance des grands droits Sociaux, en retenant l'imagination qui ne connoît pas de bornes, & en faisant naître cet intérêt puissant que l'on porte généralement à ce que l'on sait être sa juste propriété. Sous ces trois points de vue, une déclaration des Droits sera précieuse à la Nation.

Pour s'expliquer ce que sont les Droits

qu'il s'agit de déclarer, & les deux principales raisons qui doivent engager le Pouvoir constituant à donner cette déclaration, il faut reprendre notre sujet de plus haut.

Souvenons-nous, qu'une Nation qui députe des Représentans, soit pour former une Constitution, soit pour exercer la législature ordinaire, leur confie, pour remplir leur mission, tous les pouvoirs nécessaires & non au-delà.

A la Nation appartient la plénitude de de tous les pouvoirs, de tous les droits, parce que la Nation est, sans aucune différence, ce qu'est un individu dans l'état de nature, lequel est sans difficulté tout pour lui-même.

L'individu, comme la Nation, a besoin d'un Gouvernement pour se conduire; dans l'individu, c'est la Nature qui a pris soin de mettre une volonté pour délibérer & se décider, des bras pour agir, enfin des muscles pour soutenir le pouvoir exécutif. Dans une Nation, au contraire, comme elle n'est qu'un Corps d'Institution positive, c'est aux Associés

ciés qui la composent, à lui donner une volonté, une action, une force communes : on voit que les matériaux de cette triple institution y sont abondamment ; nous n'avons pas à parler ici de l'action & de la force Nationales.

Les volontés individuelles sont les vrais élémens de la volonté commune, & l'on sent comment, chez un Peuple nombreux, cette volonté commune peut se former par un Corps de Représentans : l'individu n'a pas à craindre que sa volonté puisse se tourner contre son intérêt : toutes les parties de son Gouvernement correspondent fort bien ensemble, à moins qu'il ne soit fou. Une Nation est exposée à plus de dangers.

Ses Représentans pourroient, s'ils étoient mal constitués, se faire un intérêt à part ; & c'est la grande raison pour laquelle on a prouvé en dernier lieu que le Pouvoir constituant devoit être différent du Pouvoir constitué. Dans cet esprit, l'Assemblée constituante ne se borne pas à organiser le Corps législatif ordinaire : il est clair qu'après lui avoir donné des jambes & des forces pour marcher, il faut encore lui marquer *son but*, & lui dire: tu iras là, & non ailleurs. Ce but, c'est la déclaration des Droits qui les lui indique, & elle se réduit à développer les points principaux, qui sont dans ces deux mots: *liberté & propriété.*

L'Assemblée constituante se propose donc deux objets, lorsqu'elle joint à une Constitution ce que nous nommons la *déclaration des droits.* 1°. Elle marque au Corps législatif le *but* social pour lequel il est créé & organisé; elle lui laisse tout pouvoir, toute force, pour y aller d'un pas ferme, & en même-tems elle l'entoure de précautions, telles, qu'il n'a plus ni pouvoir ni force au moment qu'il voudroit sortir de la route qui lui a été tracée.

2°. Une déclaration des Droits est encore, avons-nous dit, le vrai moyen de pénétrer la généralité des Citoyens des principes essentiels à toute association humaine, légitime, c'est-à-dire, *libre.* Ce n'est pas que *les bons esprits* ne puissent lire ces principes dans le droit naturel; mais les neuf dixiemes de l'espece humaine, dans ce sens, ne savent pas lire, il faut leur apprendre ce qu'il est important qu'ils sachent, comme on leur enseigne le cathéchisme; d'autres, en très-grand nombre, seront capables de saisir & de sentir la vérité des bons principes, mais ils ont besoin d'être un peu aidés; ils n'apperçoivent sur le plan de la nature que ce qui est en *saillie*. C'est donc au Législateur à faire *ressortir* les parties essentielles qu'on ne doit pas perdre de vue. Pour ces deux classes d'hommes, on ne sauroit mettre trop de solemnité au travail par lequel on détachera du droit naturel, pour en frapper tous les regards, les droits universels de l'Homme & du Citoyen, &c.

On voit comment une déclaration des Droits est un besoin constitutionnel dans notre position actuelle; nous sommes bien éloignés de ne nous conduire que d'après les principes de l'Ordre social. On va confondre aux prochains Etats-Généraux le Pouvoir constituant avec le Pouvoir législatif constitué; & il faudra bien souffrir cette usurpation, comme nous souffririons sans doute que nos Amis entreprissent d'arracher notre bien des mains de l'Etranger, quoique sans procuration spéciale de notre part. L'essentiel pour nous sera que les Etats-Généraux en fassent un bon usage, & qu'en s'attribuant le droit de nous donner une Constitution, ils y placent un principe de réformation propre à se développer, à suivre toujours le progrès des lumieres, & à la rappeller à sa véritable origine.

Arrêté : que les Etats-Généraux commenceront par présenter aux Peuples le tableau de leurs droits essentiels, sous le nom de *Déclaration des Droits*.

Arrêté que la deuxieme délibération des Etats-Généraux sera pour égaliser *l'impôt & les peines*. Quant à l'impôt, il ne peut y avoir de difficulté : le Tiers déclarera qu'il ne donnera jamais son consentement à aucun impôt ou taxe, qui ne seroit pas supportée également par les trois Ordres.

A l'égard des peines, le Tiers déclarera que la Loi devant être la même pour tous, il n'y a pas de raison pour en excepter *la loi pénale*. La peine doit être attachée à *l'infraction* de la loi, & non aux différences personnelles ; l'obligation & la peine vont ensemble ; elles sont les mêmes pour tous.

Nota. On remarquera d'ailleurs qu'il n'est pas possible d'abolir les Lettres de Cachet, & d'assurer la liberté individuelle, si l'on ne commence par établir l'égalisation des peines. Je conseille fort de borner à cet Arrêté les statuts de la première Assemblée contre les *privilégiés* personnels. Toutes les autres demandes en ce genre seront renvoyées aux Assemblées inférieures pour avoir des avis & des instructions, &c.

1°. La liberté *individuelle*, c'est certainement l'objet le plus pressant à assurer. Le Citoyen qu'on prive de sa liberté n'a pas le tems d'attendre que les Sessions suivantes des Etats-Généraux viennent à son secours. C'est une affaire à régler tout de suite.

Proscrire tout ordre illégal, soumettre les Ordres légaux à des regles claires &

certaines, & garantir les Citoyens des terribles effets de l'obéissance aveugle & illimitée de la part du Militaire.

3°. La liberté de penser, de parler, d'écrire, d'imprimer & de publier ses Ecrits, est une partie essentielle de la liberté individuelle. La loi ne peut à cet égard, comme à tous les autres, défendre que *ce qui nuit aux droits d'autrui*; elle n'attaque pas la faculté de parler, d'écrire, ni son exercice, mais seulement les abus.

Il doit en être de même de la faculté de travailler, de produire, d'échanger & de consommer; tous ces actes constituent la liberté qui n'a de limites, comme nous venons de le dire, qu'au point où elle commenceroit à nuire à la liberté des autres. Ces limites sont indiquées par la loi; telle est sa fonction, & non d'accorder aux uns des Priviléges aux dépens des autres; car la loi protege tout & n'accorde rien.

Arrêté : que les Etats-Généraux aboliront tout ce qui s'oppose à la pleine liberté individuelle, considérée dans toutes ses branches, & qu'ils s'occuperont de la loi qui doit en déterminer & en indiquer les véritables limites.

Arrêté : que la loi qui sera faite pour mettre à couvert cette liberté si maltraitée jusqu'à présent en France, doit introduire parmi nous le jugement par jurés, comme le seul moyen de défendre la liberté contre l'arbitraire, de tous les pouvoirs à la fois.

3°. La *Constitution* dont il faut jetter les fondemens, avec l'attention de les asseoir d'une maniere inébranlable. La *Constitution* n'est relative qu'au Gouvernement; lui seul a besoin d'être constitué.

Le gouvernement d'un Peuple se forme du pouvoir *législatif*, du pouvoir *actif* & de la force *coercitive*.

Il n'est pas encore question des deux dernieres parties.

Constituer le pouvoir législatif, n'est autre chose que former une bonne représentation, en la prenant à sa base, c'est-à-dire, dans la généralité des Citoyens, & en la conduisant jusqu'au *sénat national*, qui est le couronnement de l'édifice, & où réside l'exercice du pouvoir législatif.

Base de la représentation. Il seroit bien essentiel de faire une nouvelle division territoriale, par espaces égaux par-tout, excepté aux frontieres du Royaume, où pourtant on se rapprocheroit le plus qu'il seroit possible de la division adoptée. Ce n'est qu'en effaçant les limites des Provinces, qu'on parviendra à détruire tous ces *priviléges locaux*, utilement réclamés lorsque nous étions sans Constitution, & qui continueront à être défendus par les Provinces, même lorsqu'ils ne présenteront plus que des obstacles à l'établissement de l'unité sociale.

Puisque la Constitution est une chose nouvelle, pourquoi nous astreindre à la calquer sur des divisions anciennes ? Que le nouvel ordre de représentation embrasse uniformément toutes les parties de la France, & bientôt vous le verrez le substituer à ses partages disproportionnés, qui au fond, ne sont relatifs qu'à des différences d'administration. Il est sûr que la division *administrative* n'a aucun droit à servir de mesure à une division *représenta-*

tive, & il n'est pas moins certain que les assemblées représentatives une fois établies par-tout, opposeront aux vieilles réclamations des pays d'Etat, une force irrésistible de raison & d'intérêt, lié avec l'intérêt national. Je ne connois pas de moyen plus puissant & plus prompt de faire sans troubles, de toutes les parties de la France, un seul Corps, & de tous les Peuples qui la divisent, une seule Nation.

On placera la base de la représentation dans les *paroisses*. Ce n'est pas le mieux, mais d'autres idées meneroient trop loin ; dans les villes où les Assemblées paroissiales seroient trop nombreuses, on divisera les Paroisses en plusieurs *quartiers*. Observez que ces quarriers n'enverront pas des Députés intermédiaires au Chef-lieu de la Paroisse. Non, ce seroit introduire l'inégalité des degrés intermédiaires. Chaque quartier doit être considéré comme une Paroisse, & enverra directement ses Députés à l'Assemblée de district ou du canton ; ce qui n'empêche pas que pour les affaires municipales, d'autres Députés des quartiers ne forment, suivant l'usage, l'Assemblée ordinaire de ville.

L'Assemblée de *canton*, composée de deux cens trente Paroisses ou quartiers, enverra ses Députés à l'Assemblée provinciale, qui nommera les Représentans nationaux.

Nous ne pouvons donner ici tous les développemens.

Les Etats-Généraux régleront le nombre des Députés des Paroisses probablement sur le nombre des individus. C'est bien le caractere principal, ce n'est pas le seul. Je voudrois que ce fût *en raison composée* de plusieurs élémens; mais en disant peu, j'aurois l'air de manquer à mes principes, & cependant je ne puis pas m'étendre ici. Au surplus, la Constitution une fois établie, se réformera d'elle-même.

La distinction des Ordres sera le grand obstacle à l'établissement d'une bonne représentation. En bonne regle, les droits politiques sont personnellement égaux, comme les droits civils. Ici, l'égalité des des droits n'est pas détruite par l'inégalité des fortunes; de même l'égalité politique n'est pas détruite par l'inégalité de raison ou d'éloquence. Mais tout Citoyen contribuable vaut un, & un Citoyen ne peut pas être la fraction d'un autre. Je m'attends bien qu'on n'adoptera point ces principes, ils sont trop bons. On continuera de composer l'assemblée législative dans le système des droits politiques inégaux, sans être effrayé d'une mesure anti-sociale, qui convertit la pluralité en minorité, & qui donne à celle-ci les droits de celle-là.

Quand on ne peut saisir le mieux, il faut tâcher de s'en approcher. Dans cette vue, je crois qu'il seroit possible de ne commencer à avoir égard à la division des Ordres, qu'à l'Assemblée provinciale, lorsqu'il s'agit de nommer les Députés nationaux. Avant cela, les Paroisses, les Cantons & les Provinces, se formeroient pêle-mêle. L'influence que les Seigneurs se flatteront d'exercer dans ces Assemblées, pourroit les engager à adopter ce plan.

A l'Assemblée Tertiaire ou Provinciale, seulement, on composeroit la grande députation *de tant* de Nobles, *tant* d'Eccléfiaſtiques, & *tant* de Membres de l'Ordre Commun. Ce petit changement aideroit à ſupporter le déſordre, en attendant que les lumieres mettent les deux premieres claſſes en état de mieux connoître leurs intérêts, & de les confondre dans le ſeul intérêt national.

Ainſi ſe compoſeroit à l'avenir le *Sénat National*, par les degrés intermédiaires que nous venons d'indiquer.

La *permanence* de toutes ces Aſſemblées doit être une loi fondamentale. Après les avoir établies, vous les mettrez en activité, d'abord par le renvoi de cette foule de projets & de demandes ſur leſquelles vous requerrez des inſtructions, des avis & des renſeignemens locaux; enſuite vous maintiendrez & aſſurerez leur activité, par la loi conſtitutionelle de l'Impôt dont je parlerai plus bas.

Toutes ces Aſſemblées pourront régler elles-mêmes leurs vacances, & s'ajourner à volonté.

Ce n'eſt que parce qu'elles ſont permanentes qu'on peut leur permettre, excepté aux seuls Etats-Généraux, de donner leur confiance *à une Commission intermédiaire.*

La régénération de ces Assemblées est une loi non moins importante. Dans toutes, les Députés ne seront que pour trois ans; il en sortira un tiers toutes les années, & par conséquent les Assemblées députantes éliront tous les ans un tiers du nombre des Nonces qu'elles ont à l'Assemblée Supérieure.

Le droit de révoquer son Mandataire ne peut point être ôté à son Commettant; mais plusieurs motifs invitent à en gêner l'exercice jusqu'à un certain point.

Pour révoquer un Député, il faudra 1°. que toutes les Assemblées inférieures qui ont concouru médiatement ou immédiatement à son élection, le demandent; d'où trois demandes pour révoquer le Député National, deux pour le Député Provincial, &c.

2°. Que l'Assemblée qui formera la premiere demande ne puisse le faire qu'à la pluralité des trois quarts des voix; les autres n'auront besoin que de la pluralité ordinaire, &c. &c.

D'après toutes ces confidérations :

Arrêté : que les Etats-Généraux établiront une Conftitution repréfentative, depuis les Affemblées Provinciales jufqu'à l'Affemblée Nationale.

Que toutes ces Affemblées feront permanentes & libres de s'ajourner & de fe mettre en vacances.

Que ce n'eft qu'à raifon de leur *permanence* qu'on peut leur permettre de confier à une Commiffion intermédiaire la fuite de leur geftion, ou la furveillance d'exécution.

Que les Etats-Généraux ne peuvent pas avoir befoin d'une Commiffion intermédiaire ; ce font les Affemblées Provinciales qui doivent lui en fervir naturellement.

Que la députation à toutes les Affemblées fera de trois ans feulement, & que leur régénération fe fera par tiers tous les ans, &c.

Que cette Inftitution aura lieu pendant la tenue de la premiere Seffion des Etats-Généraux, afin qu'ils puiffent renvoyer à ces Affemblées les demandes, &c. fur lefquelles on aura besoin d'instructions locales.

Que dès l'année mil sept cent quatre-vingt-dix, les Assemblées inférieures pourront exercer le droit de régénération, à l'égard des Assemblées Supérieures, y compris les Etats-Généraux : afin d'y parvenir on suspendra, pour cette fois seulement, la regle de la Députation trienale, & l'on accordera aux Assemblées inférieures le droit de désigner le tiers des Membres qui devront quitter, pour être remplacés par de nouveaux venus, choisis librement. Deux motifs ont déterminé cet Arrêté : les Députations de 1789 seront indéfinies, il falloit les borner pour la durée ; la crainte des compris dans le tiers des Membres qui doivent sortir en 1790, les portera tous à mériter la confiance de leurs Commettans.

Arrêté : que les Députés appartenans à la représentation Nationale, à quelque degré que ce soit, recevront leurs salaires ou indemnités de l'Assemblée qui les aura députés, & jamais d'une autre source.

OBSERVATION. Chaque Paroisse doit

avoir une part dans ses impositions locales pour subvenir à ses dépenses particulieres ; ainsi, point de difficultés à cet égard. Les Assemblées secondaires & tertiaires auront de même des deniers affectés à leurs dépenses ; on voit comment elles pourront offrir des honoraires à leurs Députés.

Il est plus essentiel qu'on ne croiroit d'abord, de rompre toute communication entre les Députés, Représentans, & le Pouvoir exécutif. Dans peu de tems, il est vrai, le fisc appartiendra entierement à la Nation, & ses dépenses seront dirigées par les échelles représentatives : ce ne sera pas une raison pour se relâcher du principe que j'ai posé dans l'arrêté ci dessus ; il faut que les Mandataires ne soient payés que par leurs Commettans.

4°, L'Impôt.

Arrêté : que les Etats-Généraux vérifieront, éclairciront, & publieront, par la voix de l'impression, l'état actuel des Finances ; & que le même état sera annuellement publié à l'avenir.

Arrêté : que tout impôt non commun aux
Trois

trois Ordres est supprimée de droit ; que la Taille sera convertie, partie en *subvention*, portant sur l'universalité des biens, partie *en taxe* sur les biens *affermés*, laquelle taxe ne sera point dûe par le Fermier, mais par le Propriétaire ; que les autres droits ou impôts non communs supprimés, ne seront point remplacés, parce qu'il paroît à l'Assemblée que le déficit que la suppression apportera aux finances, sera comblé avec avantage par *l'égalisation* de paiement dans les impôts communs aux Ordres.

Arrêté : qu'on commencera par distraire de la recette totale, la somme entiere qui appartient annuellement aux Créanciers de l'Etat & aux Remboursemens annuels, tels qu'ils auront été votés.

Arrêté : qu'il paroît à l'Assemblée que la restauration du crédit qui sera l'effet de la consolidation de la dette & de l'adoption des bons principes relativement aux finances de l'Etat, permettra d'ouvrir des Emprunts à un intérêt beaucoup plus bas que l'intérêt de cinq pour cent ; qu'en conséquence les Etats-Généraux pourront amortir

D

les intérêts les plus onéreux, par des Emprunts bien conduits, mais que ces opérations ne doivent être ordonnées & finies que par la Nation elle-même, & non par une branche du Pouvoir exécutif.

Arrêté : que la recette actuelle, déduction faite des intérêts de la dette, doit suffire aux dépenses de l'établissement public.

Arrêté : que toutes les dépenses non nécessaires seront supprimées, les autres modérées & réglées sur le montant de la recette libre.

Arrêté : que le Trésor public doit être administré par celui qui paye & non pas par celui qui dépense ; que les Etats-Généraux doivent se saisir de la recette & des paiemens dans toutes les parties, & que nul emploi d'argent ne peut être déterminé ou changé, que par les Etats-Généraux.

Arrêté : que les Vingtiemes sur les biens seront convertis en subvention, & que ce qui paroît n'être qu'un changement de nom facilitera pourtant l'égalisation de cet impôt.

Arrêté : que les Vingtiemes d'industrie

étant une taxe impolitique & fort peu avantageuſe au Tréſor public, ſeront ſupprimés, & que cette utile opération doit trouver un dédommagement abondant dans l'égaliſation des autres vingtiemes convertis en ſubvention.

Arrêté: qu'il ne doit y avoir qu'un rôle de Capitation pour toutes les claſſes de Citoyens; & qu'en travaillant à l'égaliſation de cet impôt, on aura ſoin de porter en déduction ſur les moindres cottes, les accroiſſemens qui proviendront des Contribuables riches qui ne payoient pas auparavant proportionnellement à leur fortune.

Arrêté: que toutes ces Impoſitions & autres ſeront de nouveau examinées dans la Seſſion ſuivante, après avoir reçu de la part des Aſſemblées provinciales les renſeignemens, avis & inſtructions qui leur ſeront demandés à cet effet; pour parvenir enfin à aſſeoir les impoſitions ſur leurs véritables baſes & les allier le moins mal que l'on pourra avec la proſpérité publique.

Arrêté: que l'égaliſation de l'impôt entre

les Provinces n'est pas moins juste & nécessaire que l'égalisation entre les contribuables.

Arrêté : Qu'une échelle de répartition ou de proportion entre les généralités, sera formée avant qu'on vôte l'impôt & que la somme à répartir, soit connue.

Arrêté : que les Impositions ci-dessus mentionnées seront confiées aux Assemblées représentatives, lesquelles se mettrons aussitôt en activité, tant pour la répartition que pour la collecte & les versemens; que ces versemens se feront entièrement sous la direction des Assemblées, & sous les ordres de la grande Caisse nationale, & que cette Caisse ne pouvant appartenir qu'à la Nation, ne pourra être administrée que par ses Représentans.

Arrêté que, parmi les autres impositions régies ou affermées, &c. &c. toutes celles qui pourront facilement changer d'administration & d'Administrateurs, seront confiées par les Etats-Généraux aux Assemblées représentatives inférieures; & que celles où des changemens utiles d'administration &

d'Administrateurs ne peuvent être que le fruit du temps & de l'expérience, feront pourtant *détachées* de leurs anciennes dépendances & mifes fans aucune efpèce de réferve, fous les ordres des Etats-Généraux, lefquels confieront aux Affemblées inférieures, au moins une furveillance locale, en attendant qu'un travail complet, fur toutes les parties de l'impôt, en laiffe l'adminiftration pleine & entière aux Affemblées repréfentatives.

Arrêté que tous les Agens, fans diftinction, Employés au fifc, feront dans la dépendance entière des Affemblées repréfentatives, & n'auront rien de commun avec les diverfes branches du pouvoir exécutif, que de leur payer les dépenfes publiques d'après les ordres des Etats-Généraux, &c.

Arrêté : que la loi de l'inaliénabilité des Domaines fera révoquée, comme contraire à la bonne politique, à la production rurale, &c. &c.

Arrêté : qu'aucune Province, aucune Ville, aucun Ordre, aucune Corporation, aucune Compagnie, aucun Individu ne pourront vôter des taxes, ni fournir des secours d'argent au Pouvoir exécutif, sans y être autorisés par les Etats-Généraux.

Arrêté : que la supposition d'une hostilité imprévue ne peut rien changer au principe fondamental, que la Nation seule a le droit de fournir des secours pour la chose publique. Les Etats-Généraux fussent-ils en vacance pour le moment, pourront être rassemblés, & avoir vôté l'emprunt dans un intervale de six semaines; dans l'état actuel les secours ne peuvent pas être plus prompts; & le crédit n'étant pas le même, ils sont, de fait, beaucoup plus arriérés. Ainsi, ce n'est pas retarder, c'est accélérer que d'offrir des fonds qui doivent soutenir les guerres, & l'on doit s'en tenir à ces principes; d'ailleurs, les ordres militaires peuvent précéder le moment où le trésor public peut solder les dépenses.

Troisième Division.

Demandes & Opérations que l'on peut renvoyer aux Sessions suivantes, & sur lesquelles il est bon de consulter les Assemblées représentatives.

On sent qu'il ne faut ici qu'indiquer les principales matières.

Les Etats-Généraux, comme nous l'avons dit, accueilleront tout, se réservant de délibérer après avoir reçu les avis des Provinces. Il est très-sage assurément de n'avoir pas l'air de négliger les demandes des Bailliages & des Ordres; on peut s'attendre que, lorsqu'elles reviendront, après avoir été discutées dans les Assemblées inférieures, elles seront probablement réduites à ce qu'il sera juste, bon & sage de demander :

La conversion des Impôts;

Les abus de la Féodalité;

La grande question des Privilèges personnels; & celle non moins importante des Privilèges des Provinces à discuter dans toute leur étendue.

La reconnoissance du droit qu'a tout Citoyen d'être jugé par ses Pairs, & le moyen d'étendre la méthode des *Jurés* à toutes les parties de la Justice Civile & Criminelle.

Une Législation qui ait plus d'unité & de simplicité, l'uniformité des coutumes, poids & mesures.

Un plan de police pour les Villes & pour la Campagne.

La suppression des Enrolemens forcés, sous le nom de Milice & de Classes.

La cessation des honteux abus de confiance qui se commettent journellement à la Poste.

Un système d'éducation nationale & d'instruction pour tous les âges.

Enfin, on peut faire entrer tout ce qu'on voudra dans cette division.

Deuxième Partie de la seconde Classe.

Besoins du Bailliage.

En claſſant les délibérations, nous avons eu pour motif, non ſeulement de mettre plus d'ordre & de clarté dans ce que nous avions à dire, non-ſeulement, d'indiquer pour les Etats-Généraux la marche qu'ils peuvent ſuivre eux-mêmes, mais encore d'éviter le danger de la confuſion & les erreurs de la vanité dans les Aſſemblées de Bailliages. La plupart des Electeurs arriveront à ces Aſſemblées avec la tête pleine de Projets patriotiques, ſans compter cette foule de demandes, de détails, dont ils auront été chargés par leurs Commettans. Comment ſatisfaire à leurs impatience, ou comment empêcher les inconvéniens, ſi l'on ne commence par proposer, comme différens *cadres* où il ſera permis à chacun de placer ſes griefs, ſes vues, ses intentions, suivant la nature des matieres & l'importance des objets? On connoîtroit peu les Hommes, si l'on ne voyoit pas qu'à défaut de cet ordre annoncé d'avance, l'amour-propre & toutes les jalousies de classes & de personnes se glisseront dans l'Assemblée : on disputera avec humeur sur les motions qui doivent passer les premières : on formera de petites intrigues, de petits partis, & les meilleures vues des uns seront impitoyablement rejettées par les autres, uniquement parce qu'on aura été rejetté soi-même.

Présentez au contraire la classification que nous avons adoptée ; il n'est personne qui ne suspende le zèle de ses idées particulières : chacun espérera de voir venir son tour, & l'on conviendra qu'il est juste de traiter d'abord les grands objets d'un intérêt commun, & sur-tout de l'intérêt le plus pressant; on goûtera l'idée de recueillir les lumières des Provinces sur toutes les questions qui peuvent être renvoyées à la seconde Session des Etats-Généraux ; les grandes opérations de l'Assemblée Nationale paroîtront s'éclaircir; on se rassurera, & l'on disputera moins sur les demandes d'un intérêt particulier en songeant qu'elles reviendront aux Assemblées inférieures pour y être discutées de nouveau, &c.

On ne doit donc point se rendre difficiles sur les demandes particulieres aux Bailliages : adoptez tout ce qui paroîtra tant soit peu raisonnable ; quelque longue que soit cette partie du Procès-Verbal, par cela même, qu'elle est distincte des objets Nationaux & pressans, il n'y a aucun inconvénient à la prolonger à volonté.

Troisième Partie de la seconde Classe.

Besoins de l'Ordre.

Nous n'avons rien à dire sur cela, si ce n'est que l'intérêt particulier à un Ordre, est l'ennemi de l'intérêt National.

TROISIÈME CLASSE.

Délibérations concernant l'Election des Députés, les Pouvoirs, &c.

ARRÊTÉ: que l'Assemblée Nationale doit être composée, non de simples porteurs de Notes qui n'auroient rien à y changer, mais de vrais Représentans, c'est-à-dire, de Citoyens chargés par leurs Commettans, de proposer, de discuter, de délibérer & de statuer.

Observations. Le Corps des Représentans d'un grand Peuple délibére comme délibéreroit un très-petit Peuple assemblé en entier sur la place publique. Il n'y a qu'une différence, c'est que dans le petit Peuple, vôtant par lui-même, réside la plénitude des droits & des pouvoirs, au lieu que dans l'Assemble des Représentans d'une Nation, le Pouvoir est borné par *son objet*: les Représentans ne représentent que pour ce qu'on leur a donné à faire; mais dans la *sphere* de leur mission, leurs pouvoirs sont pleins & illimités. Il seroit ridicule que les Commettans, en les chargeant de faire une loi sur un objet quelconque, leur refusassent les moyens ou la liberté de la bien faire. Ainsi, on peut entendre le mot de *pleins Pouvoirs*, de deux manieres : ou c'est le pouvoir de tout faire, limité seulement par la morale naturelle: ce pouvoir n'appartient qu'à la Nation elle-même ; ou vous ententez par *pleins Pouvoirs*, le droit de faire le mieux qu'on pourra vers le but que vous avez donné à remplir à vos Députés. Dans ce sens, les Pouvoirs sont également illimités, mais ils le sont en *étendue* de droit dans la même affaire, & non en *étendue* sur l'universalité des affaires ; par exemple, sur celles mêmes qui sortiroient de la mission que vous avez accordée, ces distinctions paroîtront métaphysiques ; il faut cependant les saisir, & l'on verra alors clairement que la question des Pouvoirs limités & illimités, se réduit à une question de mots.

Les Pouvoirs ne sont jamais limités ; ils sont ou ils ne sont pas hors l'objet de ma procuration ; je n'ai point de pouvoirs dans l'objet de ma Procuration, ou vous me chargez de faire de mon mieux, comme vous feriez vous-même dans ce cas ; je suis *votre représentant*, ou vous me chargez seulement de manifester votre avis ; alors je ne suis qu'un *porteur de vôtes* (1). Or, la fonction d'un député aux Etats-Généraux ne peut pas se borner à celle d'un simple porteur de vôtes. Quel est l'objet de cette Assemblée ? De faire sortir une volonté commune de la multitude des volontés indivi-

---

Il vaut peut-être mieux s'attacher à mettre une différence entre *le pouvoir* & *des pouvoirs*. Le Pouvoir donne le droit de délibérer & de décider. Les Pouvoirs sont l'indication des affaires sur lesquelles on exercera le droit de délibérer, &c. Cette indication n'a pas besoin d'être faite *explicitement* : elle est la suite de la fin qu'une Nation se propose en se faisant représenter : ou elle veut s'occuper de sa Constitution par une représentation extraordinaire, dont l'objet & les pouvoirs en sont alors connus, ou elle veut faire exercer sa législature ordinaire, & l'on sait pareillement tout ce que doit embrasser une bonne législature.

duelles. Comment cela se pourroit-il, si chaque individu votant ne pouvoit rien changer à ce qu'il a une fois dit ? Ici revient la comparaison par laquelle j'ai commencé cet article. Les membres de l'Assemblée représentante, sont entr'eux ce que sont sur la place publique les Citoyens d'une petite Peuplade; ils ne se réunissent pas seulement pour connoître l'opinion que chacun pouvoit avoir la veille, & se retirer ensuite; ils s'assemblent pour balancer leurs opinions, pour les modifier, les épurer les unes par les autres, & pour tirer enfin des lumieres de tous, un avis à la pluralité; c'est-à-dire, la volonté commune, qui fait la loi. Le mélange des volontés individuelles, l'espece de fermentation qu'elles éprouvent dans cette opération, sont nécessaires pour composer le résultat qu'on en attend. Il faut donc que les Opinans puissent se concerter, céder, en un mot, se modifier les uns les autres; sans quoi ce n'est plus une Assemblée délibérante, mais un rendez-vous de *Courriers prêts à repartir* après avoir remis leurs dépêches.

La queſtion des Pouvoirs a été fort embrouillée, parce qu'on ne s'occupe guères en général à analyſer ſes idees d'ailleurs, on s'eſt jetté dans les extrêmes par deux motifs oppoſés ; les uns redoutent un *danger*, dans des pouvoirs illimités ; les autres craignent qu'on ne puiſſe *rien* déterminer avec des pouvoirs limités ; ceux-ci doivent ſe raſſurer. On convient que les Députés viennent pour *délibérer*. Or, ce mot emporte le droit de changer ſon opinion, ſoit qu'on l'ait conçue ſoi-même, ſoit qu'on l'ait reçue de ſes Commettans.

De plus, les limitations, les conditions, &c. que quelques Provinces ou Bailliages auroient miſes à leur pouvoir, n'empêcheront pas que la loi ne ſoit toujours dans une Aſſemblée délibérante l'avis de la pluralité ; c'eſt elle qui décidera malgré les conditions ou limitations, &c. Remarquez en même-tems que cette pluralité repréſentera *réellement* la Nation entière. Perſonne, je penſe, ne diſpute la maxime qu'un Repréſentant ne l'eſt pas ſeulement de ſon Bailliage, mais qu'il l'eſt auſſi de tout le Royaume.

me. Il est donc évident que la pluralité décide pour tous, & que la minorité ne peut pas se plaindre de n'avoir pas été représentée. Plusieurs Provinces entières pourront se trouver dans la minorité ; elles n'en seront pas moins obligées par la volonté commune.

Quant à ceux qui craignent *qu'on ne les vende à beaux deniers comptans*; c'est l'expression que j'ai souvent entendue ; je les prie de considérer qu'il ne peut exister parmi les Hommes une meilleure méthode de faire la loi que la méthode des Représentans. Verriez-vous moins de danger à laisser à un Homme seul l'exercice du Pouvoir législatif? aimeriez-vous mieux quelques Ministres, ou un nombre quelconque d'Aristocrates ? Préféreriez-vous la Démocratie populaire, avec ses mouvemens tumultuaires & incertains? Convenez que le système d'un Gouvernement représentatif est le seul qui soit digne d'un Corps d'Associés qui aiment la liberté, ou pour dire plus vrai, c'est le seul Gouvernement légitime ; occupez-vous seulement de bien constituer votre représentation ; tenez-la

E

constamment sous votre dépendance; prévenez par la régénération triennale, la formation de l'esprit aristocratique; & enfin, offrez-lui son but dans une bonne déclaration des droits, qu'elle ne puisse s'en écarter, sans être à l'instant punie par la perte de votre confiance; alors, croyez-moi, rassurons-nous sur notre sort. Politiques! n'ayons pas l'injuste partialité de craindre tout de l'élite de la Nation, & de ne nous défier en rien des décisions prises dans des Assemblées de Bailliages que nous rendrions souveraines. Nous sommes des Malades à qui l'on propose la santé la plus parfaite qu'il soit donné à l'homme d'espérer, & nous nous attachons à rechercher dans cet état de santé des motifs d'une crainte ridicule.

Arrêté: que les Députés aux Etats-Généraux doivent se regarder comme les Représentans, non de leur seul Bailliage, mais de la Nation entiere.

Arrêté: qu'ils ont droit de proposer, délibérer & statuer.

Je m'arrête: les pouvoirs qu'on se propose d'exercer aux Etats-Généraux sont certainement trop étendus : je ne cesse de répéter que le Pouvoir constituant & le Pouvoir constitué ne devroient point se confondre ; que la Mission donnée pour exercer la Législature ordinaire, est toute différente de celle qui a pour objet d'établir ou de réformer la Constitution : mais la circonstance est telle, qu'il ne faut pas trop réclamer les meilleurs principes ; aussi faut-il laisser les Pouvoirs indéfinis, sans le marquer expressément, les Arrêtés que nous avons rédigés plus haut sur la Constitution, montrant assez que l'on confie aux Députés de 1789 le sort de la France.

F I N.

ERRATA.

Page 5, ligne 11, deux, *lisez*, des.
     8,   14, 1°., *lisez*, nota.
    17   3 des notes, les pour, *lisez*, pour les.
    22   22, exclusif, *lisez*, exécutif.
    23   20, ils attacheront, *lisez*, ils y attacheront.
    24   20, primitives, *lisez*, primaires.
    28   14, le reste, *lisez*, la vote.

www.ingramcontent.com/pod-product-compliance
Lightning Source LLC
LaVergne TN
LVHW051458090426
835512LV00010B/2207